文芸社セレクション

陽だまりを求めて

宮本 隆彦

MIYAMOTO Takahiko

文芸社

はじめに

高齢者というレッテルを貼られて十数年、ずいぶんと歳を取ってしまった。歳は取りたくないものである。

私が過ごしてきた七十七年の人生は、まさに差別という誹謗中傷の世界だった。中でも、五十代から六十代にかけての十年間は多くの偏見の中で苦しんだが、それを乗り切った時、とてつもない喜びとやりとげた幸せを感じた歳月でもあった。

その十年間、私と共に闘った同志の記録をここに紐解いてみることにする。

もくじ

陽だまりを求めて

一、発　端

時は、平成四年五月十七日のことである。

自閉症の子供を持つ市内の母親たちが福祉会館に集合することになった。「自閉症」とは、社会や他者とのコミュニケーション能力に障害・困難が生じたり、こだわりが強いといった特徴を持ち、多くが精神遅滞を伴うという一般的に先天性の疾患で、何らかの要因によって脳に障害が起こったといわれているが、原因は未だ判らないらしい。

この日、妻がこの会議に出席のため、私は息子の子守り役として妻を福祉会館へ送っていった。

私の息子は自閉症の男児である。

自閉症の子供を抱える市内の母親たちが「親の会」を結成し子供たちのための活動をしていたので、妻も度々出席していた。

会議の間、私は息子のお守りをしながら福祉会館の二階へ上がる階段で遊んでいる時、一人の紳士を紹介された。

頂いた名刺には「三重県立小児診療センター　あすなろ学園・親の会会長　西村博機」と記載されたこの人物こそが、その後、長い付き合いをすることになる翔の会会長西村博機氏であった。

休日だというのに、グレーの背広にきちっとネクタイを締めて、その日、集まった十二人の母親たちの前で「自閉症の子供たちの将来について、特に親亡き後、彼らは、どうすればいいのか」という彼が持ってる思いを、熱く語ってくれた。

「自閉症の子供たちはその特異な障害のため、どの施設でも扱いかね、手を焼かれ、放っておかれ、彼らの働く場所や、生活の場所がどこにも見つからないのが現状である。ご存知のように現在の福祉行政では、知的障害者と一括りにされコミュニケーションの取りにくい自閉症の子供たちは、この中では手に負えないと切り捨てられております。親亡き後も彼らが一人の人間として心豊かな生活が出来るようにするために、自閉症の子供たちのための自閉症入所支援施設、子供たちのための安住の場所を作ってやらないと親としては、心配で死んでも死にきれない。自分たちの子供のことを、親が若いうちに、皆さんで真剣に考えましょう」

その日出席していた母親たちと一緒に彼の話を聞き、私は大変なショックを受けた。

今まで自分は子供のために何をしてきたであろうか。少なくとも自閉症児を持つ親たちの多くは、何もかも行政に頼り政治任せで、自分たちで子供の将来のために施設を作ろうという考えも浮かばなかったし、そんな夢のある計画は持っていなかった。

だから、この彼の考えにまず驚かされた。

「絶対にこの子供たちのために穏やかに生活できる施設を作ってみせる」と。

こんなにも強固な信念と意志を持って行動する人がこの世にいるということを知らされ、目から鱗の衝撃だった。

私自身、息子の将来を考えたことは何度もあるが、家庭を支える身としては多忙な仕事にかまけて、そのうちに行政か誰かが何とかしてくれるだろうという、他人任せの甘い気持ちしか持ち合わせていなかったのだと思う。

建設資金四億とも五億ともいわれている入所更生施設設立のためには、自分一人では、とても出来るものではない。資金の面、設立する場所（土地）、将来を託する人などクリアしなければならない問題があまりにも多すぎるのだ。

さりとて今のまま年齢を重ねても、私も子供も決して明るい将来へと導かれることはない。

しかし、この西村氏の情熱と実行力、旺盛な気力があればこの夢は、ひょっとして実現できるかもしれない、私は彼の夢にそして息子が安心して暮らすことができる将来を重ねてこの運動に賭けてみようと決意した。

私が四十九歳の春のことである。

二、誕　生

思えば私にとって待望の息子・好裕が、妻の在所である伊勢の病院で産声を上げたのは、昭和四十七年九月十六日、私が二十九歳の時のことだった。

息子の出産予定は十一月中頃の予定だったが、それが予想もしない二ヶ月も早い誕生となった。

当時、新生児の男児の平均体重は三千グラム～四千グラム、平均身長は五十センチ～五十五センチぐらいだったと思うが、二ヶ月早く生まれたのに、それでも体重三千二百グラム、身長四十八・八センチであり、医師からどこも悪いところなしという診断だった。

三、発　症

ところが「どうもこの子はおかしいわ！」

妻が私に言ったのは、息子が誕生して三～四ヶ月経った頃だった。

たしかに私の会社にも同年齢の子供を持つ友人が何人かいて、休憩時間にはよく子供の話になったが、息子の成長は他の子供に比べて、全てにおいて遅れているように思われた。

友人の子がハイハイしたとか、「イナイイナイ・バー」と言うとケラケラと笑ったとか、「まんま」「ちゃあちゃん」という声が出てきたとか、親ばか丸出しの話を仕事の休憩時間によく聞いたが、残念ながら私一人が蚊帳の外で、その中から取り残されて、なかなか入ることは出来なかった。

妻が心配したのは、あやしても身体をくすぐっても笑いもしないし、嫌がるそぶりもない。反応がほとんどない、目線を合わすこともない。言葉はほとんど発しない、名前を呼んでも振り向きもしない。耳が聞こえないのかと思うと、決してそうではない。

テレビに映る番組や楽しい音楽には身体全身で反応しながら見ている。

特に楽しいコマーシャルになると一生懸命見ているし、ときにはケラケラと身体全体を使って笑う時もあった。

今日ならこのような症状から「自閉症もしくは自閉的傾向」と診断されるのでしょうが、昭和四十七年頃は自閉症という言葉すら聞いたこともなかったし、多分医学界でも、まだ自閉症という医学用語は認知されていなかったのだろうと思われる。

四、保育園

　そして歩きはじめて三歳、四歳と成長するに従い、またまた大変だった。今度は多動性という症状が出てきた。落ち着きがなく、よく動き回る。目を離した隙に家を飛び出し近所を走り回る。

　時には近所の家に入りテレビをつける、冷蔵庫を開ける等、迷惑をかけることも度々あり、その都度頭を下げ謝りに行くのは妻の日課だった。

　市の福祉課や児童相談所、小児科などいろんなところに相談に出かけたが、「身体はどこも悪くない。元気だし、言葉は普通の子より少し遅れているが大丈夫でしょう。情緒障害か発達障害が少しあるかもしれないが、親が愛情をもって育てれば自然と落ち着いてくるでしょうし、これからどんどん言葉も出てきますよ。心配せずに、まぁ焦らずに様子を見ましょう」

「出来る限り同じ年頃の子供さんと遊ばせるようにしてください。きっと良くなる」

等のアドバイスを頂いたりしていた。

医師が言うように、子供たちと交わらせるために保育園にもお願いに行ったが、そこでも落ち着きなく、すぐに妻の手を振りほどいて走り回る状況を見て園の人たちは、

「申し訳ないが、お宅のお子さんだと担当を一人つけなければならない。一人の子供さんをずっと見ることは、うちの人員では到底できません」と断られてしまった。

いくつかの保育園も当たってみたが、当時の保育園では私の息子のために手を差し伸べてくれる保育園は一つもなかった。

息子が誕生した昭和四十年代は、今の時代のように「障害者総合支援法」「児童福祉法」など福祉に関する法律もない時代。「障害者相談センター」や「児童発達支援センター」など相談に乗ってくれたりサポートをしてくれたりする施設は、当時は皆無だった。

幼稚園も同じように人員の問題で断られ、妻と息子は一年間、他の子供たちと触れ合うこともなく過ごさねばならなかった。

五、学　校

小学校の入学も、私たちが住んでいる学区には特殊学級（現・特別支援学級）がなく、妻と息子は新設された特殊学級のある隣町へ、バスで十五分ぐらいかけて通学することになった。

特殊学級とは、小中学校に教育上特別な支援を必要とする生徒のために置かれた学級であったが、当時は障害者の子供を支援するというよりは健常者と隔離するようなもので、特殊学校の多くが時間を潰すだけの教室で、先生も専門的な知識があるのか疑問を感じるような方が多く、教育とは程遠く感じた。

先生、親子共に子供の教育をどうすべきか手探りの状態での毎日だった。

比較的コミュニケーションや知的能力のある子供たちはまだしも、私の子供のように多動性でコミュニケーション能力の弱い子は、教室内ではお客様扱い。事実上何も教えられることもなく、教室に放っておかれた状態だったが、それでも一日中家で一緒に過ごす親としては、息子を受け入れてくれる教室があるだけで何も疑問も持たず、ありがたく思っていた。

こうして小学校も中学校も高等部も同じような状態で十二年間を過ごし卒業した。息子に自閉的傾向があると診断されたのは小学校二年生の時で、その時、初めて自閉症という言葉を知ったのであった。

六、授産施設

息子は平成三年に津市にある養護学校高等部を卒業し、その後の進路は松阪市内にあった知的障害者通所授産施設に入園することができた。

しかし息子が卒業しこの授産施設に入所しても、私たち家族の生活はほとんど学校時代と同じで変わることはなく、妻は休日以外は朝早く起きて息子を送り、夕刻には施設まで息子を迎えに行かなければならなかった。

入園した授産施設も特殊学校時代と同じで、トップの理事長や施設長は行政からの天下りで、職員も業者から依頼を受けた日々の作業に追われ、コミュニケーションや知的能力の高い子たちはそれなりに指導するとこれらの仕事をすることができたが、息子のような自閉症の子供たちは、施設の中でもほったらかしで時間を潰すだけのものだった。

それでも親たちは、彼らを受け入れてくれる施設があるだけで疑問も持たず、ありがたいと思っていた。

この頃の私は薬品の営業という仕事で、ノルマに追われて朝早く家を出て帰るのは息子が眠りに就いた頃で、日常は息子のことは妻任せで、休日にたまに息子を散歩やドライブに連れていく生活をしていた。

七、目指す人

時は移り平成六年十二月十五日、身も縮むような大変な寒い日のこと。私は西村博機氏、西村夫人、奥川洋子氏の四名で熊野街道をひた走り、着いたところは三重県の南、北牟婁郡海山町（現・北牟婁郡紀北町）だった。

この海山町に私たちが目指すその人が、この地にある紀北作業所におられた。紀北作業所とは三重県紀北地域の施設で、知的障害を持つ人の通所作業施設である。

さをり織り・木工品製作等自主製品を手掛けたり、企業からの依頼を受けて部品作りなどの作業もやっていた。

われわれ親が自分の子供たちを将来において託することができるのは、この人しかない。以前、県を訪問した時、福祉関係の方々が口を揃えて賛美した。

「彼は三重の福祉の宝や。彼に相談してみては」……と。

われわれが目指すその人こそ、現在の理事長である柳誠四郎氏だった。

彼は高校時代に、障害者の入所施設を訪れた時「生きるために必要な所得が得られない人たちが幸せに生きられる社会でなくてはならない」との思いを持つようになった。

社会に出ると、関東にある知的障害児入所施設に、そして昭和五十年に関西にある障害者施設に勤務したそうだ。

しかし、現実は彼が考えていた障害者の視点に立った施設運営とはまるで違っており、大変失望したようである。

その後故郷三重県に戻り、障害者を持つ親たちと協力し地元に通所施設を設立、昭和五十七年に同園を吸収した紀北作業所の所長をされているという人物だった。

穏やかな笑顔でわれわれを迎えてくれたその人に、

「自閉症の子供たちが将来にわたって楽しく幸せに暮らせるような施設を作りたい」と、われわれは熱き思いを精一杯に彼にぶつけた。

私たちの頭に描く施設にはこの人以外は考えられない、断られても断られても何度も足を運んでお願いしよう、三顧の礼を持ってお願いすればおのずと結果は出てくる、と決意をしていた。

われわれが順を追って話をする熱き思いに、次第に彼も話の中に入ってくるようになった。

八、賛　同

　翌平成七年二月十二日、柳誠四郎氏に、われわれ「親の会」の顧問として自閉症者の入所施設建設のために力を貸していただくという旨の賛同を頂くことが出来た。

　さっそく指導を受けていた県の福祉課に、柳さんが協力・支援してくれる旨を報告し、大変喜んでいただいた。

「あのな、彼は三重にとって福祉の宝のような存在や。この三重の宝が自閉症の子供たちや知的障害者の子供たちのことで悩むのは、大いに結構である。いくら悩ませてもいいが、だけどな親たちのくだらない問題で悩ますことだけは絶対してはいけない。親たちの問題で施設がうまくいかなかったことは、これまでにもたくさんある。こんな事になったらわれわれは絶対許さないからな」

　と福祉課の皆様からも釘を刺された。

九、施設作り目指す支援者

同じ平成七年五月十四日、「日本一の施設作りをめざす会」を開催した。

「勇将の下に弱卒なし」

すなわち、上に立つ者がすぐれていると、後に続く人もすぐれていることのたとえだそうだ。

柳さんがこの日われわれの前に紹介してくれた三人こそは、その後の私たちの設立運動になくてはならぬ存在となり、大いに力を頂き助けてくれた方々だった。

まず一人目は、平成十三年（二〇〇一年）に「れんげの里」開設と共に事務長に、平成十九年（二〇〇七年）四月に津市の入所施設「城山れんげの里」開設とともに施設長となられた、三浦敏朗氏。

彼は当時、京都府にある重症心身障害児施設の療育課長をされていた。施設作りのソフト面ハード面共に大変な知識力と綿密な戦略・戦術を持ち、一を聞いて十を知る、思い浮かぶとすぐさまに行動するのが三浦敏朗氏だった。

彼は参謀的な役割を担う人物で、その確固たる信念は曲げることのない鉄の意志で、ただひたすら目標に向かって邁進し、力のないわれわれをぐいぐいと引っ張ってくれた。

二人目は、三重北西部の施設で知的障がい者のために働いておられた、どちらかというと体育会系の人物。頑丈な身体と先を見る確かな目で、今までにもいくつものすばらしい施設を作ってきたという田原正友氏だった。

三浦さんがソフト・ハードに長けた将軍・参謀というならば、彼は自ら敵陣に切り込んでバッタバッタとなぎ倒す切り込み隊長のような力があり、何事にも粘り強く力を発揮する素晴らしい方だった。

三人目、紅一点の谷川信子さん。伊賀の知的障がい者の施設で働いておられ、女性らしく細やかで、かゆいところに手が届くタイプ。

この四人が支援者となってわれわれと一緒に行動していただいたお陰で、これを機会に自閉症者（児）を持つ親の多くが会員として参加してくれたし、われわれを支援してくれる方がどんどん増え、善意の人の輪が益々広がっていった。

県や地方の行政の方も、経験豊かな四人が加わったことで、われわれの設立運動を見る目も日増しに変わってくるという大きな効果も出てきた。

十、土地探し

施設の土地探しも、議員の方や福祉関係の方のご支援で三重県下の津、松阪、伊勢を始め、各市町村の役所へお願いし、本格的に土地取得に動くことになった。

平成八年三月の中頃、翔の会組織（発起人会の名）が、しっかり世間に根を生やし成長を始めたこの時、大変明るい話が佐原町からもたらされた。

その前年の平成七年に、とある議員の方に紹介されてお会いした佐原町の町長が話をしていた有望な候補地が、いよいよ具体的に動き始めた。

十一、候補地1

「カモシカ駆ける沢すじの　せせらぎ集めて刻む渓谷　深き森を育てて　水色の風わたる川よ　あぁ麗しき流れ宮川よ」

と世に歌われた清流宮川と、その支流大内山川の中間にあたる奥伊勢T地区。この地はまさに緑益々蒼く太陽燦々と輝き空気うまし国、子供たちがのんびりと生活するには、立地条件も環境も優れた地域だった。

こうして平成八年三月二十八日午後七時に、いよいよ佐原町の候補地となったT地区の公民館で、地域の人たちの理解を得るための自閉症者入所施設説明会を開催して頂いた。

地区公民館には、町長を始め役場の福祉関係者、地区区長、住民二十所帯三十五名の方が集まり、今か今かとわれわれを待っていてくれた。

発起人会「翔の会」西村会長より、私たちが設立したい自閉症者の施設の説明、ご厄介になる自閉症の子供たちの話、自閉症の子を持つ親の思いと地域との関わりなど、できる限り細やかに説明をした。

西村会長の話が終わったところで、住民の方からいくつかの質問があった。

「質問。昼間、この地区は男性が出かけて留守がちや。女性や老人だけの家が多いが自閉症の子供は本当に大丈夫か、事件を起こしはしないか……？」

「質問。自閉症者は夜な夜な、徘徊すると聞いたことがある。夜中に人の家に入ってくるようなことはないか？」

「この頃はこの地域も車が多くなった。急に外へ飛び出し事故になったりしないようにフェンスはちゃんと作るのか！」

「フェンスの高さは三メートルいや五メートルぐらい、乗り越えて飛び出してはこないのか！　本当に大丈夫なのか？」

等の質問が次々と飛び出てきた。

自閉症を知らない無知な質問に腹の中は煮えくり返りながらも、私たちはひとつひとつ丁寧に答えていった。

あらかた質問が出尽くしたときに一人の老人が、

「あなたたちの言っていることはよく分かった。この地区にも知的障がい者や、いろいろな障害の人は何人もいる。これは人ごとやない。力のない可哀そうなこの子たちを、われわれのこの地区で温かく迎えてやろうやないか」

と言ってくれた。

その声に反対を述べる人もなく、その場にいたほとんどの人たちが一応にうなずいているように見えた。

帰宅途中、車の中で「よかった。皆様も理解してくれたようだし、土地もこれで決まったので、帰って皆で祝杯でもあげたいね」とほっとして笑いながら帰途についたのを昨日のように思い出した。

われわれとしてはいい感触だと思っていたが、そうはどっこい、うまくはいかない。

何しろ自閉症者を知らない人たちなので無理のないことだが、当時の社会は若者の犯罪が多く、自閉的傾向とか、部屋に閉じこもっている青年とか、これらの青年の犯罪がニュースに上ると自閉症の子たちと同一されていたことも、自閉症が理解されない大きな問題であった。

十二、資金集め

そんなこととは露知らず、われわれは明日の希望に向かって、まず後援会の組織を作り資金集めの運動を開始した。

名称を「れんげの里」と決め、「れんげの里建設・募金趣意書」を作成した。

蓮の花が咲くとすべての花に実を付ける、全ての人が実を付けるものとしてこの世に生まれてくる、そんな僧侶の話が「れんげ（蓮華）の里」の初めだった。

その「れんげの里」が人々の間で歩き出すと、各自のイメージの中で自由に羽ばたいてれんげ草をイメージするように、それものんびりとした「れんげの里」らしくていいのではと、この名がついた。

資金集めの活動のための趣意書には、ご支援のお願いと書かれた中に「れんげの里」が目指すものとして、次のように訴えた。

・自閉症者（児）の親が集まり、自閉症者を中心にした人たちが利用する知的障害者更生施設・れんげの里の設立を決意した。たとえ障害があっても、かけがえのない一人の人間として尊重され、与えられた能力を積極的に活かし、お互いに協力して生き甲斐のある生活ができるようになることは、親の切なる願いです。

それを実現するためには、次のような課題があります。

社会が自閉症者（児）や重度の障害者を、社会の一員として受け入れられるようになる。

まずは「障害」を正しく知ってもらうことが大切です。基本的には自閉症者も人として変わりはありません。天使でもないし危険な人でもないのです。しかし教育や生活の場を共にしてこられなかった社会の人たちにとっては、彼らを理解することは、難しいことです。分からないということからくる不安が、実体からかけ離れた自閉症者像を作り上げ、それが一人歩きすることになります。その結果として、彼らは地域に住むことができず、隔離された生活を強いられることになります。そんな社会の理解を深め、足らないところを補い合って暮らす社会づくりが、まず求められます。

・自閉症は生まれつきの障害で、完全に治ることはありません。また、見たり聞いたりすることや、感じることを普通の人と同じように受け止めることが困難です。このため、人と関わることや、自分の気持ちを伝えたり、相手の気持ちを知ることがとても苦手で、行動も自分勝手に見えることがあります。普通の喋り方やコミュニケーションのもち方、人や物事への適切な関わり方を習得することに困難さがあり、そんな特性が彼らの社会適応を困難にします。その困難から自由になり、生き易さを獲得するための学習が必要です。

以上のような問題を解決する場として「れんげの里」を設立するものです。

この内容を中心に責任者として会員の横山秀樹さんに後援活動を、お願いすることにしました。

十三、候補地２

残念ながら、地域の人たちの実態からかけ離れた噂が広まり、反対者が少しずつ増え、われわれが期待していたようにはうまく進展はしなかった。

地域の人たちに自閉症者という存在の理解がなかなか得られず、子供たちの施設作りを目指すわれわれにとって、土地探しは最も悩める課題となった。

社会福祉法人認可申請の期限は八月頃なので、焦っていたわれわれは何度も何度も佐原町の役場に出かけ、時には電話で耳にタコができるほど、

「T地区の土地は、どうなっていますか、いつ頃までに契約できますか」と聞いた。

「もう少し待ってほしい。反対の人が少数いるので、町長が今説得に回っています」

いつもこのような返事の繰り返しだった。

時間は容赦なく過ぎていった。

しびれを切らしてもうこれ以上待てない、何とかならないのかと、役場に町長を訪

ねた時の事である。

われわれの前に頭を抱えながら現れた町長は、

「誠に残念ながらどうしても地域の同意が得られず、この地域の土地所得は難しくなってしまった。説得に行くたびに反対者が増えてきている。これではもうどうにもならぬ。とはいえ町としては皆さんの施設をなんとしても作りたい。この地区がだめなら諦めるということは決してしたくない。今は代替として次の候補地としてKという地区を考えている。この場所は前回のT地区より役場にも近く交通の便もいい。環境もよいので、むしろよかったと思っている。まあ振り出しに戻ったが、町もこの地区でいこうと思っているのでなんとか理解してほしい」

と次の予定地のK地区を紹介された。

場所は国道四十二号から少し入ったところで、清流・宮川が近くを流れ、この地区も自然がいっぱいで、近所に曹洞宗の名刹もあり、椎茸栽培をしている小さな森があったりで、素朴で景観の素晴らしい地域であった。

その地域の中央部分に少し高台になった土地が、町長が推薦するK地区の候補地だった。

十四、施設の設計

もう一つ、この高台の真ん中にひときわ高く、どっしりと根を張った大きな杉が、そびえていた。

「施設をここに作るときには、この杉の木を生かした形にしたいね」

と、この時の「大きな杉」が社会福祉法人「おおすぎ」の由来ともなった木だった。

佐原町になんとしても入所施設を作りたいという町長始め、各課長さんの並々ならぬ決意をお聞きし、実際に土地を見学し、今度こそ間違いなく私たちの理想の施設が出来るであろうと確信を持った。

すでに柳さんを通じて、この施設の設計のために三重大学の中祐一郎研究室教授・中祐一郎先生がわれわれを応援してくださることになった。

「中祐一郎研究室」とは三重大学の建築学科の研究室で、研究テーマは障害者の建築物・知的障害者の生活施設の建築計画・自閉症者の生活など、と聞いていた。

その中先生が、われわれの入所施設「れんげの里」設立運動を応援してくれるという、こんな願ってもないことが実現できた。

十五、説明会

平成九年四月二十九日、佐原町K地区での説明会では、前回のT地区と同様の質問ばかりだった。

「どんな子供が来るのか、うちは娘がいるが大丈夫なのか」

「危害に及ぶのではないか」

「夜ふらふらされたら困る」など。

その頃起こっていた新潟の少女監禁事件や、自分の殻にこもった青年の犯罪と自閉症という言葉を重ね合わせ、自閉という字を誤解した質問がたくさん出た。

今回は柳さんも説明会に出席していたので、施設運営において専門的な説明も伝えることができ、その点では大変助かった。

今回も地区の多くの人は理解を示してくれたが、

「施設候補地の近くの人が本音のところで反対しており、これがちょっとてこずっていましてね」

と福祉課長がポロリと嘆いていた。

この説明会があった二日後に、施設をこの地区に受け入れるかどうか地区総会が開かれ、投票の結果は百数名中反対者わずか四名だったと報告があった。

多数決の原理なら、圧倒的多数で可決されたということになるのであろうが、「施設作りは全員賛成が原則」と誰が決めたか、このようなことになり、この問題は一時保留とされたようだ。

この施設設立に反対した人たちが大きな声で言ったことは、

「賛成された皆さんは、この施設が出来て問題が起こった時、誰が責任を取るのですか、どんな責任を取ってくれるのですか」

こう言われると、賛成していた人たちは一言も声が出せなくなり、

「保留してもう一度よく検討しよう」ということになった。

政治の世界のように、難しい問題が起こると先送りにするは世の常。私たちにとって大事な時間がムダに流れていくことになった。

県は早く申請を出せと何度も言ってきて、時間は刻一刻と迫っていた。六月中にヒアリング、ＯＫであれば七月に申請を、そして……本年度申請が……。

申請への道は……土地取得問題を如何に早く解決させるかが鍵だった。

平成九年六月の初め、申請まであと少しとなったある日、町長から「どうもムードが悪い」という話が入ってきた。

「K地区の多くが好意的ですが、二～三名の女性の方が、かなり強烈に反対しており、なかなかこの施設に対して理解してくれない。もう一度町長自ら乗り出して説得に行くので、あと少し待ってほしい」との話だった。

なんとなくいやな感じを受けたわれわれだったが、時間は待ってくれない。この夏に認可を受けられないと、次のチャンスはいつになるか予測がつかない状態である。何としても土地を取得するようにと、県の福祉課の方から何度も聞かされていた。

同じことは県の飯南多気福祉事務所のヒアリングでも釘を刺された。

一番の問題は今年度が皆さんにとってラストチャンスである事、土地の取得の目途はどんなに待っても八月末がリミットであると。それまでに駄目なら今年度は諦めなければならない。

そののち、約一ヶ月後の七月十八日、再び訪ねた役場で福祉課長から、

「現在、町長は一生懸命説得中であり、もう少し待ってほしい」

という返事で、K地区がダメな時として代替地として五ヶ所を候補に上げた。が

「日照時間も短く、風の通りも悪く、とても人が住む所ではない」と土地鑑定士の方からの意見もあり、いずれの土地も帯に短し襷に長しで、当方が満足する土地はなく、どれもうまくいかなかった。

土地取得では苦戦したが、募金活動はわずかな間に後援会担当の横山さんを始めとして翔の会会員の熱意と努力の結果、募金件数三三六二件、金額にして二千四百九十二万円に達していた。しかしながら時は刻々と過ぎ、土地問題は残念ながら約束の期限までに解決することができなかった。

平成九年九月五日、松阪市にある飯南多気福祉事務所、佐原町福祉課長、翔の会会長が同行したが、残念ながら土地問題が解決せず、平成九年度の福祉法人申請認可を断念することになった。

何度も何度も繰り返し交渉してきた土地問題は、どうしても期限の日までに決着することが、できなかった。

こうして残念ながら翔の会会員みんなの夢であったK地区の土地は「幻のK地区」となり、諦めなくてはならなかった。

十六、土地探し再び

こんな泥沼状態の中で、土地取得に関しては、「佐原町にこだわることなく、もう少し候補地を広げた方がいいのでは」との意見が会員や支援の方の中からも出てきた。

支援者の方々にも再度お力添えを頂くようにお願いし、この混乱の中で再び浮上したのが度会郡遙宮（とおのみや）町だった。

遙宮町は以前にも何度もお願いに伺ったことがあった、趣意書にも支援者としてお願いした地区の名士・吉沢さんの地元で、最適地があるのではという期待感もあり、吉沢さんに再度支援をお願いをすることにした。

このとき吉沢さんは「多気郡が白紙に戻ったということであれば協力しましょう。遙宮町で私の土地で適当な所があればいいのですが、残念ながらほとんど山ばかりでご期待に応えることができませんが、町長に話をする必要があるのでしたらいつでも協力しますよ」と言ってくださった。

こうして私たちの土地探しの舞台は多気郡から度会郡遙宮町に変わりつつあった。

明けて平成十年一月三十一日、西村さんと私は、この日再び吉沢さんを訪ね、

「今年の申請に間に合わせるために土地の問題を早く解決したい。理想の施設実現のためにこの地区にこだわりたいので、何とか遙宮町での土地取得にお力添えを頂きたい」

とお願いをした。

吉沢さんからは、

「分かりました、何とか皆さんの土地が見つかるように協力しましょう。私の土地は残念ながらほとんど町に貸してあり適当なのが思い当たりません。これから町長に会って、町で適当な所がないか話をしてきます」

と言っていただいた。

しかしながら、遙宮町での土地探しもそんなに甘いものではなかった。

遙宮町の六地区を紹介されたが、人家からかなり離れた場所や、西日をまともに受ける場所であったり、川の向こう側に鶏舎があり強烈な匂いが襲ってくるような環境で、これでは日常の生活に支障がありすぎるのではと見学した私たちの会員の意見

だった。

この年も、多気郡で起こったような噂が遙宮町に流れていたためか助役から、

「噂やデマが多くて難しく、町としては八月中にまとめることは困難になった」

と告げられた。

噂、デマが飛び交う中、なかなか区長会の理解を得ることができず、この年も結局は断念することになった。

十七、候補地3

平成十一年五月二十八日、遙宮町から候補地に挙がってきた場所を下見に行った。場所は宮川の支流、大内山川のまた支流にあたる場所。近くには福祉センター、ライスセンターや山林広場の奥にある「新厚園」という人里離れた谷合で岩がごつごつと飛び出しかなり建設するには難しい場所。ここに建設するには造成費が、かなりかかりそうであると推測された。

夕刻、予定地の場所に数人の会員と足を運び、その場所に立つ。人里離れなにしおう度会の連山、日照り短く、ことごとく岩石で青苔これを封じ、人里離れたその頂に立つと、遠くにちらちら明かりが見える、とんでもない場所だった。

そこは愛しき息子や娘が社会から区別され、人との関わりが閉ざされ、地域からいばらで遮断され、置き去りにされてしまうような辺境の地だった。

私たちが求めていたのは、子供たちが安心して暮らし続けていくために環境を整え、状況に合わせた支援を提供できる場所でなくてはならない。

しかしこの場所はあまりにもひどすぎた。

せめて、はるか遠くに見える人々が暮らす明かりの、少しでもあの明かりの近くで生活させてやりたいもの……と。

一緒に下見に行った母親の一人が、

「翔の会の皆さんは子供たちを、こんな日の当たらない所で生活させたいと思っているのでしょうか。あ〜ぁそんな、違うよね！　私は子供をこのようなところで生活させるために皆と一緒に設立運動をしてきたんじゃないです。苔がヌルヌルしてドクダミの匂いが臭い狐狸さえも生活できないような、こんな生き物が住めないような場所、ここは先生！　私たちが描いた、夢のある『れんげの里』じゃない。ここは、地獄の『いばらの里』やないですか………」

「お姥捨てるか裏山へ、裏じゃ蟹でも這って来る、雪の楢山へ欣然と死に赴く老母おりんを、孝行息子辰平は胸のはりさける思いで背板に乗せて捨てにゆく。残酷であってもそれは貧しい部落の掟なのだ。」ご存知、まるで深沢七郎の『楢山節考』の世界のような、そんな鬼人も住まぬ荒れ果てた地。

この荒れ果てた地で子供たちをどう育てようとするのか。この土地では、育てるどころか子供を捨てるのと同じではないだろうか。

私たちの施設設立の運動は、決して子供たちをこのような場所に捨てに行く運動でなかったはず、そんなことになってはならない。私たち会員の思いは子供たちが楽しく明るく生活できるような理想郷、夢のある施設づくりの運動を、してきたはずである。

しかし当時、私たち翔の会は、どうにもならぬところにまで追いやられていたのだった。

十八、噂

資金は後援会組織がしっかりして、会員の皆が努力したおかげで順調に集まったが、寄付をして頂いた方からこんな声が聞こえてきた。

「寄付をしたが一向に施設ができたという話を聞かない。あれは、ほんまやったんやろか、施設施設と言いながらあれはテイのいい詐欺ではないのか？」

善意の寄付が、土地が決まらず施設ができないために嫌な噂となっていった。

「あいつらの運動は本当やろか、詐欺集団ではないのか？」

こんな疑問を持つ支援者の方も、ちらほら出てくる。

これらの疑問を払拭するために、一日でも早く土地を所得し寄付してくれた人に応えなければならない。しかしながら候補地として出てくる土地は、残念ながら子供たちが楽しく幸せに安全に暮らせる環境とは程遠いところばかりだった……。

しかも人が住むのも難しい土地は、土地よりもむしろ造成費用にかなりの金額が必要であり、その負担増をどうするか。一番大事なライフラインは、電気や水道のうち電気は近くまで電柱が来ているが、水道の方は水道管延長工事が必要である。しかも引いてくる場所の多くは岩盤である。その部分をどうするか。一応の設計図はすでに出来上がってはいたが、土地の測量も地域との合意が出来ないだけに勝手に進めてはならないと釘を刺されており、どれだけ費用が増えるのか予想だにもつかない状況だった。

人が住みにくい地域であるから、反対もなかろうと役場の人や地域の役員もタカをくくっていたようだが、しかしこのような土地でも反対の声は上がった。

施設予定地の入り口辺りが二〜三人の学童の通学路に当たり「何かあったら大変だ」と、ここでも反対の声が上がった。

町に任せてほしいと胸を張っていたこの問題も、区長より「区の合意を得るために運動を進めてきたが、残念ながら了解を得ることができなかった」と、またもやいつもと同じ言葉が返ってきた。

その後、町から役場に比較的近い二つの候補地が挙がり、地主にすぐに働きかけ、各区長へ働きかけているという返事を頂いたが……。

しかし両地域共、区長から「地域の同意が得られそうもない。多気郡での四地区などがうまくいかなかったことが住民の中で変な誤解を生み、それが尾を引いている。多くの区民の話では『他の地区が反対している自閉症の施設を何故わが地区が受け入れなければならないのか。今までうまくいかないのは、それなりの理由があるはずだ』と誤解が誤解を呼び、反対の声が大きくなり、これ以上施設設立の話すら進めることは大変難しい」ということだった。

こうして平成十一年は、またまた認可申請を断念することになった。が、今にして思えば、いばらの里が決まらなくて本当に良かったと思える。

十九、候補地４

この年の十二月十六日、次の候補地が町から挙がってきた。

今回の地主さんは支援者の吉沢さんと、もう一人の地主さん二人が所有する土地だった。

この土地は県道に面した所で近くには町役場、サイクリングセンター、アウトドアが満喫できる「語らいの里」などがあり、われわれが望んでいた環境には最高に良い場所だった。

吉沢さんから話を聞いてみると、

「町長を始めとして町は今、必死で頑張っている。私の土地だけならそれほど問題はないが、入り口の土地を活用しないと施設としてはどうにもならないだろう。入り口の地主さんは長年この地で活躍してきた人であり、右から左にハイと売り渡すというわけにはいかない。この地域の人たち全ての了解がないと売らないと言っている。そのために町は慎重の上にも慎重に反対者が出ないように進めている。時間がないのは理解できるが、もう少し時間がほしい」

との返事でした。

「今回新しい土地を取得するためには、T地区とN地区の二つの地域の人たちの地区同意、全員賛成が必要である。何度も同じ繰り返しの失敗からも、二の舞だけはしたくないので慎重に動いている。総会には全員の賛成が得られるように、町長が先頭に立って頑張っている」

と町からの話だった。

この頃のわれわれは全員が、少しでもコネクションがあれば藁をも掴む思いで関係者の方へ出掛け、一日一日を大切にかつ慎重に行動していた。役員だけでなく母親たちもこの、どこまで続く泥沼ぞ、先の見えない真っ暗な中で懸命にいろいろな伝手を探して歩いたが、平成十一年は土地取得までいかないまま、残念ながら暮れていった。

明けて十二年一月二十一日候補地の地区であるT地区において説明会が開催され、次いで二月六日にはN地区説明会が開催された。

二つの地域の人たちから出た質問・意見は、いずれの地域でも出てきたものとほぼ同じようなものだった。

説明会の中で支援者の吉沢さんのスピーチは、私たちの折れかかっていた気力を再び奮い立たせるような素晴らしいスピーチだった。

「私は最初からこの方たちの活動を承知していました。多気郡では偏見と誤解により一部の人の反対で潰れてしまい、その時に相談を受け遙宮町長に引き合わせた経過があります。二地区では土地は、ほぼ決まりながら手続きの面で駄目になってしまったが、その町の努力により福祉ゾーン構想の一環として『新厚園』裏の土地が決まり、十分とはいえないまま様々な工夫により設計図も作り、県に申請したと報告を受け喜んでいたところ、十一月に突然多気郡と同様の地区の偏見と誤解により反対にあい、計画は頓挫したと聞き心を痛めておりました。もともと私たちの地域は、美しき大河の国は倭姫の時代より、常に時代の先取りをしてきた歴史があります。今回多気郡で失敗したからこそ、私たちの地域が受ける意味があると思います。二十一世紀は『福祉』『環境』がキーワードと言われています。施設が出来た時は必ずや皆さんにとってもメリットがあり、喜んで頂けると思います。この地で生活してきた私としては大賛成です。施設が来れば、いろいろな夢を私なりに持っています。決してこれは押し付けではなく、力のない方（弱者）と一緒に生活できるようにするのが町のこれからの姿勢ではないでしょうか」

吉沢さんのスピーチに、出席していたほとんどの方が静かに聞いていた。

建前の部分では賛成、本音の部分では反対、これはいかんともしがたい。この違い、一生懸命にわれわれを応援してくれる人もいれば、自閉症を理解できないために頭を縦に振らない人もいる。

もう一人の地主さんも気持ちの上では賛成でしたが、この地で長年生活し、ご近所の方とうまくいっているだけに、この土地のことで波風を起こしたくないという気持ちも強く、地域の人全員が了解しない限りは土地は売らないと決めておられ、その意志はとても堅い状況でした。

「どんな子が来るかも判らないのに、問題が起こったら誰が責任を取るのか」

「福祉施設を作るのは大賛成であるが、この地域には建ててもらいたくない。うちにはまだ小さな子もいるから」

この段階までくると、残された解決策は人の心と心に訴えるしかなかった。

私たちは地域のいろいろな集会に足を運び、施設の必要性を訴え、理解を求めるように努めた。

二十、一念

母親たちが、地域の応援してくれる人たちと反対する人の家を何度も足を運び、頭を下げてお願いした。時には大声で罵声を受けたこともあった。

「あなたたちが自分の子供を思うように、私らも自分の子供が心配なのですよ」

いつものことながら自閉症者を知らないことからくる不安が、実態からかけ離れた自閉症者像を作り上げ、それが反対の原因だった。

毎日毎日母親たちを中心に、反対している方の家を訪ね何度も頭を下げてお願いした。

申請の期限は残すところあとわずか。四月二十五日にT地区で全員同意し了承されれば、翌日に地主に土地契約確約の印を頂き、その足で県に提出という綱渡りのスケジュールだった。

もう絶対に失敗は許されない。一人でも反対者を出せばそこで終わりという、究極の状況だった。

このようなぎりぎりの中で、地域の支援者の方に背を押されながら母親たちの一念岩をも通す働きが始まった。

ここに書くのは、当時の母親たちが地域を回り経験した事を、翔の会の会議でわれわれに報告してくれた話の一部である。

母親たちの報告の一部を見ていただければ、地域の人たちが少しずつ心を開いていったことがよく分かる。

(母親Aさんの報告)

住民の多くの反対は施設そのものではなく、内容が十分に知らされていなかったための不満が多かった。

「われわれも障害者の施設について考える時間がほしい」という意見が訪問した人から告げられた。

一人一人に十分な時間をかけ、私たちが身をもって子供の説明を伝えたことが多くの人たちの理解を得、感動してもらう要因になっていったと思う。

（母親Bさんの報告）

反対している人の家を訪ねると、頭ごなしに怒鳴られることが度々あった。

多くの人たちは施設に反対するというよりは、ほとんどが町政批判を繰り返した。

その間、私たちは口を挟むこともできず、ただじっと耐えながらその話を聞いた。

彼らが言い終わったあと「よく分かりました、障害を持つ子供たちのために施設は何としても必要なのです。どうかお願いします」と頭を下げ、ひたすらお願いする。

……これが私たちの毎日だった。

（母親Cさんの報告）

家を訪問していて、気がつくとただ反対している人たちだけでなく、私たちに手を貸してくれる方や応援してくれる方を何人も見た。

特に障害者に理解のあるKさんは毎日一緒に、私たちを施設の事で心配されている方の家を案内して、一緒に頭を下げて施設建設の理解をお願いしていただいた。

町の人も私たちの毎日の姿を見て、気持ちを少しずつ理解していただき「あなたたちも大変やな。可哀相やな、わしも応援したろ」という人が出てきた。

（母親Dさんの報告）

施設建設をよく思われていない方を訪問すると、初めからこちらの話を聞こうとせず暴言や罵声をあびせ、「もう来ないでほしい。近所の目もある。私たちが反対して何か貰おうとしているのと違うかと、勘ぐられてしまうのはかなわん」と皮肉を言われることも度々あった。

（母親Eさんの報告）

施設の予定地は私たちの散歩道や。そこを歩いていたら「私らが覗き見されとる」と嫌な顔をされるのではとか、家の近くに出来たら戸締りをしっかりしないと恐ろしいから犬を飼わないといかんとか、この地区に恐ろしい施設が出来たと世間に知られたら、うちの娘は嫁の貰い手がなくなるとか、あそこの地は秋葉さんをお祭りしてあり、そんな場所に立てたら恐ろしい祟りが町民全部に降りかかる……とこんな話も、行く先々で何回も聞いた。

私たちがこのような偏見と差別の中で、仲間が最後まで諦めず頭を下げ、粘って粘って理解者を増やしていったことを、みんなの共通認識として本当にいつまでも忘れないでほしいと思う。

大きな声で怒鳴られたり、罵られたりもしたが、最初は反対だった人たちも少しずつ心を開き一人一人理解を得て、最後に一軒だけが残った。

母親たち四人がその家に出かけ、頭を下げた。

「そんなに頭を下げられても考えは変わらないよ。だってね、うちの孫はまだ小さい。あなたらは自閉症の子は悪さはしないというが、そんなこと信用できない…」と。

その時、家の主は声が詰まった。母親たちと一緒についてきた幼い男の子が、小さな小さな手を合わせて、少し上目遣いの眼差しで主をじ～っと見つめながら頭を下げていた。自分の孫と同じぐらいの年齢の男の子の顔を見て、主は、はっとして言葉が詰まった。

「そう見つめられても……う～ん……まあ、まあ、しょうがないな。あんたらの熱意には負けたわ」

主が小さな声でボソッと言った。

これが施設建設の最後の難関、真っ暗なトンネルの向こうに一筋の光が見えた瞬間だった。

かくして、自閉症の子供たちがのんびりと楽しく暮らすことを可能にするため、翔の会会員が求めていた「陽だまりの里」、夢の「れんげの里」の土地をついに取得することが出来たのだった。

平成十二年四月二十三日に、N地区総会で全員了承された。

四月二十五日、T地区での総会は賛成反対を決める投票もなく、出席者全員の大きな拍手で施設設立は満場一致で了承された。夜二十一時三十分のことである。

二十一、土地取得

すぐにその夜、西村さんが地主さんを訪問し、土地取得のために価格の交渉に入った。

折り合いがなかなかつかず随分時間が掛かったが、互いに譲り合うところは譲り合い、妥協点が出た頃には、もう次の日の朝になっていた。

四月二十六日、西村宅で役員会議を行い、土地の交渉の結果報告で、購入することを役員全員が了承した。

土地の契約書を県福祉課に提出する日は四月二十七日、残す日はあと一日だった。県福祉課は、二十七日に社会福祉法人「おおすぎ」の審査会を十時に行うことになっていた。

法人申請のための書類はすべて出来上がっており、この同意書さえあれば審査はほぼ通ることだろうと、県の方からも聞いていた。

翌二十七日、朝七時に西村さんは二人の地主さんを訪問し、土地売買契約書並びに同意書の印を頂き、すぐに折り返して国道四十二号を津に向かって、車でひた走りに走った。

勢和インターから高速伊勢道路に乗った西村さんは、

「長い間苦労した土地問題も決着し、これでやっと自分たちは報われる」

と翔の会会員の喜んでいる顔を一人一人思い出しながら、ハンドルも軽やかに快調に車は津に向かって走っていたようである。

勢和インターから二つのトンネルを通り過ぎ、もうすぐ松阪である。このペースで走れば約束の十時までには充分に余裕がある。はやる心は次の施設建設へと移っていた。

ちょうどその時である。松阪インターを越えた頃に、車に異変が起こった。それまで快調だったエンジンが、突然「プスプス……………プスプス」という音をさせて止まってしまった。

「おかしいな」

高速の路肩に車を寄せて、「ふーっ」と一息はいて、エンジンのセルを掛けてみるが、エンジンは動かない。

何度も何度も回してみるが、一向にエンジンは動こうとはしなかった。

ＪＡＦを呼んで車の修理をお願いするには、残された時間はあまりにも少なかった。

すぐに西村さんは妻に電話をする。

「松阪インター近くで車が故障して動かない。このままでは県と約束した時間に届けることができない。誰かここまで書類を取りに来てくれる人を探してくれ」

こんな故障で長年の苦労をお釈迦にしてたまるものか。悲壮な気持ちを打ち払い、予期せぬ試練に天を仰いだ。

西村さんの妻は、すぐに地理的に最も近くの横山さんの奥さんに電話をかけた。

「横山さん、あんた今どこにいるの。車が故障したんや、このままでは十時に間に合わん。すぐ松阪インターまで行って書類を受け取って県庁へ走ってくれない？」

ちょうど養護学校へ息子さんを送って行った時のことである。

「松阪までどれぐらいかかる？」

と、松阪から通勤している養護学校の先生に聞いた。

「そうね、二十分ぐらいかな。子供さんのことは心配しないで早く行きな」

息子のことが心配だったが、その場にいた先生にお願いしてすぐに津インターへと走る。高速なんて日頃滅多に走ったことはないが、このときの彼女は無我夢中で松阪に向かった。

スピードは百キロを超えていたが、何としても届けなくてはならない。これで間に合わなければ、今までの会員の苦労はすべて水泡に帰す。そう考えると、自然とアクセルに力が入ったようである。

無我夢中で走った高速道路松阪インターに近づくと、西村さんが手を振りながら立っているのが見えた。

すぐに書類を受け取る。

「西村さんは?」と言うと、

「わしのことは心配するな。そのうちＪＡＦが来る。それよりすぐにこの書類を県庁に届けてくれ。十時まで何としても届けてくれ。早く早く行ってくれ」

西村さんは声を振り絞って叫んだ。

会員の夢みた自閉症の子供たちの施設は、横山さんの奥さんに託された。

残された時間はあと少し、アクセルに思い切り力を入れて踏みしめるスピードはまたも百キロをオーバーしていた。

会員皆が車の後ろを押している。そんな錯覚を覚えながら、アクセルを踏み続けた。ぐんぐんと車は津市にある県庁に向かって走った。

幸い途中何事もなく県庁に飛び込む。何とかぎりぎりセーフで、県の担当者に書類を手渡すことができた。

「よかった。何とか間に合った」

翔の会会員皆の希望を託した書類は、間違うことなく担当者の方に渡すことができた。

ほっとすると急に腰が抜けるように、その場にはたと座り込んだ。

「これで子供たちの施設が出来る」

横山さんの奥さんは、受け取った担当者が足早に会議室へ向かう姿をいつまでも追っていたという。

二十二、施設建設

施設設立運動は初めから終わりまで時間との戦いだったが、多くの支援者の皆さまに助けられ念願の福祉法人「おおすぎ」は審査会で認可され、起工式としていよいよ施設建設の槌音が遙宮町に響くことになった。平成十二年九月十九日のことだった。

われわれの運動はずいぶんと長い期間を経て土地購入に至ったとはいえ、それで終わりではなかった。

まだまだ多くの問題は山積していた。

土地だけでも宅地開発の申請、土地造成。特にこの地は以前、四方の山から流れてくる水がこの土地の沼に集中しており、大雨の時の排水をどうクリアするかは大きな問題でもあった。

また施設で出る汚水等の排水、給水、農地の転用など、これから始まるであろう知的障害者更生施設「れんげの里」の建設のための諸問題や体制、職員をどうするか、大変な仕事が前途に待ち構えていた。

しかも翌年の平成十三年三月三十一日までに、何もかもやらなくてはならない。残された時間は、あと七ヶ月。これまでに全てを終わらせなければならない。

他にも社会福祉法人「おおすぎ」の組織づくりをどう進めるか。後援会、翔の会、保護者会の関係、運営委員会、評議会をどうするか。あるいは行政や地域運営評議会への対応など、これらを早期に解決しなければならない。

建設資金の関係も、やりくりの連続で計画通りには運ばず、とりあえず認可後すぐ必要となる資金をどうするか、建設資金に消費税を見込んでいなかったなど多くの問題が次々と浮上してきた。

それを一つ一つ役員を中心とした会議と実行で乗り越えていかねばならなかった。

親たちの多くや支援者の方々は自分の仕事もろくにせず、施設運動のため毎日、津市にある県庁、遙宮町の連絡事務所へと昼夜を分かたず、足を運ぶのが日課となった。

二十三、施設開所

平成十三年四月一日、自閉症者（児）の子を持つ親たちの長年の苦労が実り、この二十一世紀の最初の年に翔の会三十二会員、ボランティアとして一緒に設立に手を貸してくれた数多くの支援者の方々の苦労と努力の甲斐あって、三重県度会郡遙宮町の地に知的障害者更生施設「れんげの里」が開所した。

この施設は、管理棟と宿泊棟四棟、それに作業棟の全六棟からなる。宿泊棟には、げんき棟、のんき棟、こんき棟、ゆうき棟と名前が付けられた。

このうち、こんき棟のみが二階建てである。

総面積六七八四・二四平方メートル。建坪二〇六六平方メートル。管理棟には地域交流センター、事務室（職員室）、看護室、厨房、ゲストルーム、会議室等を備えていた。

また宿泊棟は、各棟に談話室（兼食堂）と風呂、トイレ等が設けられ、個人のプライバシーを重視した、三重県では初めての一人一部屋の小舎制の宿泊棟である。

こうして、長年の目標であった社会福祉法人「おおすぎ」障害者支援施設「れんげの里」は、私の五十七歳の春に開所した。

この自閉症児の親たちの夢の施設が実現したことは、私の人生の中で胸を張って報告できることである。

これから幾つまで生きるか分からないが多分私のことだ、幾つになっても高齢者というレッテルに反発し、身体が動く限り前を向き、目標をもって生きていくのではないかと思う。

完

あとがき

令和元年九月の夕刻、障害者支援施設「れんげの里」が一望できる高台に登ってみた。

耳を澄ますと、各棟から子供たちやサポーターの笑い声が聞こえてくる。

そろそろ夕食の時間なのだろうか、かすかではあるがこの高台にも味噌汁の香りが漂ってくる。

れんげの里は一棟に住まいする利用者十人が一つの家族、兄弟のような生活をしている。

「ご飯だよ！」

サポーターの声に自分の部屋から談話室に集まり、皆で食卓に食器を並べる音だろうか？

「今日のおかずは何だろう」

湯気が立ち上る蓋を開けて料理をチェックする子、さっさと自分の席に座って箸を持って待っている子、それぞれ十人十色だが楽しい夕餉の始まりだろう。

外から眺めても、何となく満ち足りた雰囲気が料理の香りと一緒に私のいる高台に漂ってくる。


二十年前の平成十三年、親亡き後も満ち足りた生活ができるようにと、自閉症の子供を持った親たちが苦労を分かち合い設立した施設がここに実現した。

開所時、親たちから子供たちを引き受けた中祐一郎理事長、柳誠四郎施設長（現理事長）、三浦敏朗事務長（現理事・相談役）を始めとして、採用となった二十七名の職員たちの滑り出しの苦労は大変だった。

従来の自閉症に配慮した貧困な施設からの脱皮をモットーとした。
①　訓練から心豊かな生活が送れる場に
②　利用者が今まで過ごしてきた家庭環境をそのまま再現する
③　利用者の視点に立った施設運営
親たちが設立を願った三つの思い。職員はその思いを受け止め、理想を現実に合わせるように実行するようにしてきた。

このために、施設に対する既成概念を持たない職員が採用された。新しい施設の創造を目指そうという高い理想を持ってはいたが、しかし彼らは未経験の素人集団。利用者は施設入所の経験もない自閉症の若者たち。職員と利用者のぶつかりは想像以上に大変だった。

自閉症の子供たちは慣れぬ環境での集団生活でストレスが積み重なり、ガラスや壁をぶち壊したり、非常ベルを鳴らし続けたり、暴れたりで、受け止める側もパニックの連続だった。

彼らは個性豊かで表現方法も千差万別、それぞれを理解するには大変な時間と労力を要した。

施設長の柳さん、事務長の三浦さんは設立後六ヶ月程は、ほとんど自宅に帰宅せず施設に寝泊まりして、彼らを理解するための日々を送った。

利用者の父親たちも自分の仕事を削って夜間、施設に泊まり職員の手助けをした。

今まで施設に対する経験のない職員が、毎日毎日困惑しながらガチンコで対応し利用者に向かい合い、寄り添う支援の基礎が、こうして作り上げられていった。

施設に対する変な先入観がなかった分、時間はかかったが彼らの努力で優れた職員が育ち、全国に誇れる自閉症者の施設が出来上がっていった。

平成十六年には支援費制度が導入され、ホームヘルパーを利用した地域での新たな暮らしづくりが始まった。

平成十九年四月には、津市に第二の入所施設「城山れんげの里」を開所した。

社会福祉法人「おおすぎ」では、自閉症の人たちをより深く理解し、地域での彼らの幸せな暮らしを創る大きな支えとなることを願い、「れんげの里」では「自閉症講習会」を、後に「城山れんげの里」において「おおすぎ実践報告会」を、職員の手で毎年開催している。

平成二十二年には、放課後児童デイサービス事業の開設、三重県自閉症・発達障害支援センター「れんげ」の開設、三重県自閉症・発達障害支援センター「れんげ城山事務所」の開設などのサービスも幅広く提供するようになった。

平成二十九年七月一日には、自閉症、発達障害のある人たちや家族にとって大きな課題であった医療的支援、成人期の自閉症、発達障害の方を中心とした診療所を開設した。

このような医療機関は全国的にも大変少なく、県内における成人期自閉症、発達障害医療に貢献していきたいと考えている。

地域の人たちの自閉症者への理解も時を重ねるたびに良くなり、施設を受け入れていただけるようになった。

毎年、地域の皆様からの声掛けで清掃活動や地域の行事にも参加させていただくようになった。

平成二十六年にはこんな嬉しい話があった。

町内にある神社の二十年に一度の式年遷宮、神宮内に敷く白石を運ぶ「お白石持行事」があり、二千人以上の参加者が白石を載せた奉曳車を引き、新社殿に敷く白い石を納めた。

地域の人たちより、「れんげの里もぜひ参加してください」とお誘いを受け、数名の職員と利用者が一緒に参加した。

千二百四十年の歴史の中で、今日までに障害のある方がこの行事に参加したことが果たしてあっただろうか。

開所時から今までの地域とのお付き合いを振り返ると、嬉しさと感動で目頭が熱くなるのを抑えながら、参加者全員「えいや！」と掛け声を大きく出して奉曳車を引いた。

今日「おおすぎ」が進めているグループホーム建設にも地域の皆さんが応援してくれており、二十年を経て「おおすぎ」は地域の人たちに助けられ共に歩いていくようになってきた。

仄かな味噌汁の香り漂うこの高台で、社会福祉法人「おおすぎ」が地域の人たちと交流し理解を得る施設であることを感じ、愛する子供たちはその安住の地で伸び伸びと楽しく暮らしている幸せを、親として感じることができる今日この頃である。

社会福祉法人おおすぎの歩み

昭和63年（1988）5月　津市の自閉症の子を持つ親の会 結成
平成4年（1992）5月　松阪市の自閉症の子を持つ親の会 結成
平成6年（1994）12月　柳誠四郎氏に施設設立運動の協力要請
平成7年（1995）4月　日本一の施設つくりを目指す会 結成
平成8年（1996）9月　建設募金の趣意書を発表
平成9年（1997）6月　第1回発起人会 開催（設立代表者西村博機氏）
　　　　　　　　　　発起人会（翔の会）・法人名「おおすぎ」・施設名は
　　　　　　　　　　「れんげの里」
平成12年（2000）8月　社会福祉法人「おおすぎ」認可される
同　年（2000）8月　第1回理事会 開催
同　年（2000）9月　れんげの里 起工式

同　年（2000）9月　第1回職員採用試験（以後四回の採用試験を実施）

同　年（2000）11月　後援会入会活動を開始

平成13年（2001）3月　職員集合教育

同　年（2001）4月　れんげの里 開所式

平成15年（2003）4月　三重県自閉症・発達障害支援センターブランチ事業の開始

平成17年（2005）2月　れんげの里にて第1回ヘルパー講習会開催（以後定例開催）

平成19年（2007）4月　津市に城山れんげの里 設立

平成20年（2008）6月　尾鷲市に三重県自閉症・発達障害支援センターブランチ事務所を開設

平成21年（2009）4月　城山れんげの里にてボランティア説明会

平成22年（2010）2月　城山れんげの里にて第1回おおすぎ実践報告会開催（以後定例開催）

同　年（2010）4月　放課後児童デイサービス事業の開設

三重県自閉症・発達障害支援センターれんげの開設

平成23年（2011）4月　三重県自閉症・発達障害支援センターれんげ城山事務所の開設

平成24年（2012）2月　れんげの里 友の会発足

　　　　　　　　　　　れんげの里 自閉症講習会 開催（ヘルパー講習会より改名）

平成26年（2014）4月　指定特定相談支援事業所 おおすぎ相談支援センター城山 設立

平成29年（2017）7月　れんげの里診療所 開設

平成30年（2018）10月　第32回全日本自閉症支援者協会研究大会三重大会 開催